Ritter und Burgdamen GANZ PRIVAT!

10 Fragen & Antworten
zum Alltag auf Burgen im Mittelalter

Auf zur Burg Posterstein!

Die Burg Posterstein in Thüringen
kannst du auch besuchen.
Alle Infos findest du unter:
burg-posterstein.de
Wir freuen uns auf dich!

Lesestoff für kleine und große Entdecker

Manfred Mai: **Frag doch mal die Maus. Ritter und Burgen**, München 2006.

Stefan Lang (Hrsg.): **Wie wäscht man ein Kettenhemd?**,
Veröffentlichungen des Kreisarchivs Göppingen Band 17, Göppingen 2014.

Wartburg-Gesllschaft zur Erforschung von Burgen und Schlössern e.V. (Hrsg.):
Tiere auf Burgen und frühen Schlössern, Petersberg 2016.

Deutsche Burgenvereinigung e.V. (Hrsg.): **Alltag auf Burgen im Mittelalter**,
Braubach 2006.

Ritter und Burgdamen GANZ PRIVAT!

10 Fragen & Antworten

zum Alltag auf Burgen im Mittelalter

FSC
www.fsc.org
MIX
Papier aus ver-
antwortungsvollen
Quellen
Paper from
responsible sources
FSC® C105338

Impressum

Bibliografische Information der Deutschen Nationalbibliothek:

Die Deutsche Nationalbibliothek verzeichnet diese Publikation in der Deutschen Nationalbibliografie; detaillierte bibliografische Daten sind im Internet über http://dnb.dnb.de abrufbar.

© 2021 Museum Burg Posterstein (Hrsg.)
Burgberg 1, 04626 Posterstein
www.burg-posterstein.de | blog.burg-posterstein.de/kinderburg

Texte: Franziska Engemann, Marlene Hofmann
Illustrationen: Marlene Hofmann, Franziska Engemann, Matthias Huberty
Einband & Gestaltung: Marlene Hofmann

Die Publikation wird unterstützt von:
Freistaat Thüringen
Landkreis Altenburger Land
Bürgerstiftung Altenburger Land
Museumsverein Burg Posterstein e.V.

Schriften:

Heebo © 2014 The Heebo Project Authors (https://github.com/OdedEzer/heebo), Lizenz: SIL Open Font License, Version 1.1

Kalam © 2014, Indian Type Foundry (info@indiantypefoundry.com), Lizenz: SIL Open Font License, Version 1.1

Herstellung und Verlag:

BoD – Books on Demand, Norderstedt

ISBN 9783753460925

Hallo! Wir sind Burggespenst Posti und Burgdrache Stein, die guten Geister der Burg Posterstein!

Immer wieder landen knifflige Fragen zum Leben in früheren Zeiten in unserem „Briefkasten" auf Burg Posterstein.

Weil wir furchtbar neugierig sind, wollen wir uns auf die Suche nach den Antworten machen! Kommst du mit?

Hier spuken wir!

Seit langer Zeit spuken wir – Burggespenst Posti und Burgdrache Stein – in der Burg Posterstein. Nachts durchs Museum geistern, tagsüber schlafen — das ist uns zu langweilig geworden! Jetzt erzählen wir von den Geheimnissen der Burg und ihrer Geschichte.

Das ist Burg Posterstein

Vor über 800 Jahren schickte Kaiser Friedrich I., „Rotbart" genannt, seine Ritter in das „Osterland" – das Land im Osten. Hier sollten sie Burgen bauen und das neu eroberte Land bewachen. Eine davon ist Burg Posterstein, die auf einer Anhöhe im Sprottental in Thüringen steht.

In der Burg war es kalt. Vor 400 Jahren wurde Burg Posterstein deshalb umgebaut. Danach besaßen die Bewohner viele Zimmer mit Kaminen. Burg Posterstein wurde zu einer **Wohnburg**.

Vor ungefähr 300 Jahren fanden es die Bewohner trotzdem zu ungemütlich. Sie bauten neben der alten Burg ein neues Schloss, das **Herrenhaus**. Heute ist in der alten Burg ein Museum, das von dieser langen Geschichte erzählt.

Wir nehmen dich mit!

Wir nehmen dich mit auf Schatzsuche durch die Burg, geistern durch deinen Kindergeburtstag und beantworten deine Fragen kurz und kanpp in der Familien-Ausstellung „Die Kinderburg", im Kinderburg-Blog und sogar auf YouTube.

In diesem Buch beantworten wir 10 Fragen zum Alltag auf Burgen im Mittelalter – sei dabei!

Findest du es?

1 Fisch   6 Geister   6 Fledermäuse

2 Drachen   6 Mäuse

Einer der Ritter des Kaisers Friedrich I. hieß Gerhardus von Nubudiz. Er lebte auf einer Burg in Nöbdenitz, wie der Ort heute genannt wird. Diese Burg hatte einen tiefen Burggraben, der mit Wasser aus dem nahen Fluss Sprotte gefüllt war. Eines Tages ritt Gerhardus an diesem Fluss entlang und entdeckte einen Felsen, der sich noch viel besser als Standort für eine Burg eignete. An dieser Stelle ließ er eine neue Burg errichten und gab ihr den Namen „Burg Stein".

250 Jahre nach Gerhardus gehörte diese Burg Stein einer Familie mit Nachnamen Puster. Wenn diese einen Brief bekam, stand darauf: „An die Pustern zum Stein". Daraus entstand schließlich der heutige Name der Burg: Posterstein.

Eroberte neue Gebiete:
Kaiser Friedrich I., genannt: Rotbart, lateinisch: Barbarossa.

Durften Ritter alles?

 **Nein. Ein Ritter durfte nicht alles machen, was er wollte. Er musste für seine Bauern und für seinen Herrn Aufgaben erfüllen.**

Hatte ein Ritter gut gekämpft, wurde er oft mit einem Stück Land belohnt. Dieses Land nannte man **Lehen**.

Zum Lehen gehörten auch die Bauern, die sich um die Felder kümmerten. Sie arbeiteten für den Ritter und bekamen dafür kein Geld. Einmal im Jahr gaben sie einen Teil ihrer Ernte oder ihrer Tiere an den Ritter ab. Im Gegenzug dafür beschützte er sie vor Angriffen und Überfällen.

Sein Land bekam ein Ritter von seinem **Lehnsherrn**. Das konnten der König oder Kaiser sein und manchmal auch reiche Herzöge, Fürsten oder Grafen. Ein Ritter musste seinen Herrn im Kampf unterstützen und ihm einen Teil seiner Einkünfte abgeben.

Aus der Geschichte der Burg Posterstein:

Im Jahr 1474 sollte Jan Puster seinem Lehnsherrn im Kampf helfen. Zum vereinbarten Treffpunkt musste er die rechts aufgezählten Sachen mitbringen.

1 Pferd mit Reiter
1 Rüstwagen mit
4 starken Pferden
2 Pferde ohne Reiter
Brot
Pelze

Wohnten Ritter immer auf Burgen?

Nein. Viele Ritter lebten bei ihren Bauern im Dorf und halfen ihnen auch bei der Arbeit. Um sich und ihre Bauern zu schützen, bauten Ritter im Laufe des Mittelalters zunächst Zäune, dann Holzburgen und schließlich Burgen aus Stein.

Zu Beginn des Mittelalters gab es oft noch keine Burgen. Zum Schutz vor Überfällen bauten Ritter zunächst sichere Holzhäuser und später ganze Burgen aus Holz. Weil Holz aber vielen Angriffen nicht standhielt, errichtete man später Burgen aus Stein.

Eine Burg war wie ein kleines Dorf:

Auf dem höchsten Punkt eines Hügels stand der **Wehrturm**, den Mauern umgaben. Daneben befand sich die **Vorburg,** wo es auch Ställe und Werkstätten gab. Die Vorburg war ebenso von Mauern umgeben. Wenn ein Angriff drohte, flüchteten die Bewohner und die Bauern aus der Umgebung zuerst in die Vorburg. Hielt diese dem Angriff nicht Stand, zogen sie sich in den Wehrturm zurück.

Mittelalter!

Das Mittelalter dauerte ungefähr 1000 Jahre. Oft wird sein Beginn auf das Jahr 500 nach Christus gelegt, das Ende auf das Jahr 1500. In einer so langen Zeit verändert sich viel. Deswegen unterteilen wir diese lange Zeitspanne heute in drei Epochen: das **Frühmittelalter**, das **Hochmittelalter** und das **Spätmittelalter**.

Das Hochmittelalter gilt als Blütezeit und steht für das, was wir uns so gerne unter dem Mittelalter vorstellen: Ritter, Lehnswesen und Minnesang. Es begann im 11. Jahrhundert und endete um das Jahr 1250. In dieser Zeit wurde auch Burg Posterstein gebaut.

Aus heutiger Sicht liegt das Mittelalter zwischen den geschichtlichen Epochen **Antike** und **Neuzeit**. Aber kein Mensch des Mittelalters glaubte, dass er in der Mitte einer Zeitspanne lebte!

Seinen Namen bekam das Mittelalter von den gelehrten Männern der **Renaissance** im 15. und 16. Jahrhundert. „Renaissance" bedeutet „Wiedergeburt" und meinte in diesem Fall die „Wiedergeburt der Antike". Die Gelehrten dieser Zeit waren begeistert von der Kultur der Griechen und Römer. Die Epoche danach, das Mittelalter, erschien ihnen dunkel, einfach und trist. Daher nannten sie diese Zeit zwischen Antike und ihrer eigenen Zeit: „medium aevum" – lateinisch für „mittleres Zeitalter" oder einfach „Mittelalter".

Durfte jeder Ritter oder Burgdame werden?

Waren die Kinder von Rittern und Burgherrinnen sieben Jahre alt, entschieden ihre Eltern, was sie später einmal tun sollten. Die Jungen wurden zum Ritter ausgebildet oder in ein Kloster geschickt, um später Mönch oder Pfarrer zu werden. Die Mädchen lernten den Haushalt einer Burg zu verwalten und wurden früh verheiratet – oder konnten als Nonne im Kloster leben. Nur Kinder aus Adelshäusern durften Ritter oder Burgdamen werden.

Hochzeit mit 12 Jahren – Die Ausbildung zur Burgherrin

Die Mädchen und Frauen organisierten alle Tätigkeiten im Heim. Sie kümmerten sich um die Ordnung, die Küche, die Bediensteten und natürlich um die Kinder. Die Mädchen wurden von der Burgherrin in häuslichen Dingen unterrichtet: Im Spinnen und Sticken, im Malen, Tanzen und Singen, aber auch im Lesen oder Rechnen. War nämlich der Burgherr nicht zu Hause, musste seine Frau die Burg verwalten. Mit zwölf Jahren wurden die Mädchen oft schon verheiratet und kümmerten sich dann ganz allein um ihren eigenen Haushalt.

Mit sieben Jahren von zu Hause weg – Die Ausbildung zum Ritter

Die Jungen, die Ritter werden sollten, wurden zur Ausbildung oft auf eine andere Burg geschickt. Dort durchliefen sie mehrere „Lehrstufen" – so ähnlich wie Klassenstufen in der Schule.

Mit sieben Jahren begannen sie die Ausbildung als **Page**. Sie dienten dem Burgherrn, lernten mit Pferden umzugehen und begleiteten ihn auf die Jagd. Die Pagen übten Bogenschießen, den Schwertkampf und bekamen Unterricht in Musik und Tanz.

Mit 14 Jahren galten die Kinder als erwachsen. Dann wurden die Jungen zum **Knappen** befördert. Wer stark und mutig war, folgte seinem Ritter auf Turniere oder in den Kampf. Dort half der Knappe seinem Herrn beim Anziehen der Rüstung. Fiel der Ritter vom Pferd, musste der Knappe ihm aufhelfen. Weil er selbst keine Rüstung trug und trotzdem an den Kämpfen teilnahm, war das eine sehr gefährliche Aufgabe!

Mit 21 Jahren wurde der Knappe, wenn er seine Sache gut gemacht hatte, mit der **Schwertleite** zum Ritter geschlagen. Dann hatte er alles gelernt, was er für den Kampf brauchte. Erst jetzt bekam er sein eigenes Schwert. Und manchmal sah er auch dann erst – nach 14 Jahren – seine Eltern wieder.

Ritter und Pferd gehören zusammen!

Das Wort **Ritter** kommt vom mittelhochdeutschen Wort „riddare" und bedeutet Reiter. Ursprünglich waren Ritter bewaffnete Reiter, die für den König oder Kaiser das Land verteidigten und eroberten. Deshalb gehörte ein Pferd zur ritterlichen Grundausstattung. Einige Ritter ließen Wälder roden und Felsen abtragen, um an diesen Orten als Schutz vor Angriffen Burgen zu bauen. Mit eigener Burg wurde ein Ritter zum Burgherr. Gleichzeitig war aber nicht jeder Burgherr automatisch ein Ritter!

Eine Burg im Mittelalter konnte wie ein kleines Dorf sein. Auf der Burg Posterstein lebten im Mittelalter ungefähr 20 Personen. Neben dem Burgherrn, seiner Frau und den Kindern gehörten zu den Bewohnern oft Handwerker, Mägde, Knechte und Wachen.

Einige möchten wir dir kurz vorstellen. Erkennst du, wer wer ist?

Die Burgwachen

Die Burgwachen und Kriegsknechte einer Burg waren die Soldaten des Burgherrn oder des Ritters. Sie bewachten die Burg und die dazu gehörigen Ländereien, meldeten Angreifer und verteidigten die Bauern und die Burg. Zog der Burgherr in einen Krieg, begleiteten sie ihn.

Die Magd und der Knecht

Als Bedienstete unterstützten sie den Burgherrn und die Burgherrin bei den alltäglichen Arbeiten. Die Magd half dem Küchenmeister beim Kochen, fütterte die Tiere, hielt die Burg sauber und wusch die Wäsche. Der Knecht übernahm schwere Arbeiten und kümmerte sich um die Tiere.

Der Schmied

Als einer der wichtigsten Handwerker auf einer Burg reparierte der Schmied die Waffen des Ritters und der Burgwachen. Außerdem beschlug er die Hufe der Pferde mit Hufeisen. Das war wichtig, damit die wertvollen Tiere gut laufen konnten und gesund blieben. Nicht auf jeder Burg wohnte ein Schmied. Oft lebte er auch im Dorf in der Nähe der Burg.

Der Steinmetz und der Zimmermann

Auf großen Burgen fielen immer Bauarbeiten an. Damit sie wehrhaft blieben, mussten die Mauern und Gebäude immer in Stand gehalten werden. Reiche Burgherren leisteten sich dafür eigene Steinmetze und Zimmermänner. Der Steinmetz erledigte alles, was mit Steinen zu tun hatte. Er besserte die Mauern aus und verzierte die Steine mit Wappen, Motiven oder Inschriften. Der Zimmermann kümmerte sich um alle Holzarbeiten. Er fertigte zum Beispiel Balken und Gerüste. Oft lebten Steinmetze und Zimmerleute aber nicht direkt auf der Burg, sondern im nächsten Dorf.

Musste eine Burgherrin nur schön aussehen?

Nein. Eine Burgherrin musste viele Aufgaben erfüllen. Sie leitete nicht nur die Haushaltung der Burg. Auch die Versorgung von Kranken und die Fürsorge für die Armen durch milde Gaben (Almosen) gehörten zu ihren Pflichten. Zog ihr Mann, der Burgherr, in einen Krieg, übernahm sie auch seine Aufgaben. Dann beaufsichtigte sie die Bauern und musste im schlimmsten Fall die Verteidigung der Burg organisieren.

Die Herrin der Schlüssel

Zu den Aufgaben der Burgherrin gehörte die Zubereitung der Speisen, das Anlegen der Vorräte und die Aufsicht über die Knechte und Mägde. Die Schlüssel zu den Vorratskammern und Zimmern der Burg waren für ihren Alltag sehr wichtig.

Die Burgherrin entschied gemeinsam mit dem Küchenmeister, was auf den Tisch kam, welche Tiere geschlachtet und wie Feste organisiert wurden. Deshalb musste sie immer genau wissen, wie viel Getreide, Obst oder Gemüse den Burgbewohnern zur Verfügung stand.

Viele Lebensmittel wurden durch Einkochen, Pökeln oder Räuchern haltbar gemacht. Denn einen Kühlschrank oder einen Supermarkt gab es im Mittelalter noch nicht. Mit den so haltbar gemachten Lebensmitteln und Vorräten mussten alle Burgbewohner den langen Winter überstehen.

Lebten auch Tiere auf einer Burg?

 **Ja, es lebten ganz viele Tiere auf einer Burg, denn die war ein sicherer Ort. Ritter und Burgherren passten gut auf ihre Tiere auf – besonders auf die wertvollen Pferde. Oft lagen die Ställe in der Vorburg.**

Neben den Pferden gab es auch Hühner und Gänse auf einer Burg. Die landeten meist im Kochtopf oder endeten als Braten beim Ritterschmaus. Natürlich nutzten die Mägde und Knechte die Eier der Hühner, um leckere Speisen zu bereiten. Die Federn fanden als Füllung von Decken und Kissen Verwendung.

Katzen lebten ebenfalls auf einer Burg. Sie sollten Mäuse fangen. Hunde nahm man mit auf die Jagd. In manchen Burgen gab es auch eine Falknerei. Dort richtete man Falken für die Jagd ab.

Die kleinsten Tiere auf einer Burg waren übrigens Flöhe und Läuse. Weil sich die Menschen im Mittelalter nicht so oft und gründlich wuschen wie wir heute, nisteten sich die kleinen Tiere gern in den langen Haaren ein.

Durften Ritter und Burgdamen essen, was sie wollten?

Nein, denn je nach Region und Jahreszeit standen den Menschen im Mittelalter unterschiedliche Nahrungsmittel zur Verfügung. Manche Lebensmittel kosteten so viel Geld, dass sie nur selten auf den Tisch kamen. Darüber hinaus gab die Kirche feste Regeln vor. Und im Winter und Frühjahr mussten die Menschen mit angelegten Vorräten auskommen.

Das wichtigste Nahrungsmittel im Mittelalter war Getreide. Egal ob Ritter oder Bauer, alle aßen Brot: mit Fleisch, Fisch, Gemüse, Obst, Fett, Käse und Wein. Getreide war auch in Form von Hafergrütze oder Bier beliebt. Häufig gab es Gemüsesuppen und Eintöpfe.

Ritter gingen auch gern jagen – einfachere Leute durften das nicht. Hirsch oder Hase fand man daher oft auf den Tafeln der Adligen! Als besonders schön galt der Fasan! Sein buntes Federkleid diente bei Festen als Dekoration.

Aber ausschweifende Feste waren Ausnahmen. Ihr Glaube und die Kirche schrieben den Menschen Tage vor, an denen sie nur wenig essen durften. Als gläubige Christen hielten sich die meisten Menschen daran. Es gab „fette Tage", also Feiertage, an denen alle schlemmen durften, und „magere Tage", an denen gefastet wurde.

Essen, was die Region hergibt

Die Nahrungsmittel unterschieden sich von Region zu Region. Einige Pflanzen, die gern gegessen wurden, wuchsen nur in bestimmten Teilen eines Landes. Und nicht überall gab es die gleichen Tiere. Der Wohnort und die Jahreszeit bestimmten das Speiseangebot.

Iss doch mal „Armer Ritter"!

„Armer Ritter" nennt man ein schnelles Gericht aus in Eiermilch gebratenen Brotscheiben, das es schon seit dem Mittelalter gibt. Heute wie damals eignet es sich perfekt dazu, altbackenes Brot aufzupeppen. Probier es aus!

4 Scheiben Brot

200 ml Milch

1 Ei

1 Teelöffel Honig

Butter oder Öl zum Braten

Zuerst das Ei, dann alle anderen Zutaten gut verrühren und das Brot darin einweichen. Dann das Brot in einer Pfanne goldbraun braten und zum Beispiel mit Apfelmus servieren.

Badeten Ritter und Burgdamen jeden Tag?

Nein. Ein richtiges Vollbad zu nehmen, war für die Burgbewohner mit viel Aufwand verbunden. Eimer voller Wasser mussten vom Brunnen in die Burg getragen werden. Es dauerte lange, das kalte Brunnenwasser über einem Feuer zu erwärmen. Dann erst konnten Ritter und Burgdamen baden. Das taten sie natürlich nicht jeden Tag.

In privaten Häusern und auf Burgen gab es zum Baden den sogenannten **Badezuber**. Das war eine große Holzbadewanne, in der sich die ganze Familie wusch. Ein duftendes Kräuterbad galt schon vor 800 Jahren als Heilmittel gegen Erkältungen.

Der Brunnen

Nicht in jeder Burg gab es einen Brunnen. Einige nutzten Regenwasserbecken, genannt **Zisternen**, andere leiteten Quellwasser durch hölzerne Wasserleitungen, die meist aus ausgehöhlten Baumstämmen bestanden, in die Burg.

Waschtag!

Waschen war Frauenarbeit. Auf einer Burg erledigten Mägde diese schwere Arbeit.

Gewaschen wurde mit Brunnenwasser oder im Fluss. Zuerst klopfte man die Kleidung mit kleinen Hölzern aus, um groben Schmutz zu entfernen. Dann wurde die Wäsche geknetet und mit Seife geschrubbt. Wer keine Seife hatte, wusch seine Wäsche mit einer Mischung aus Holzasche und **Talg** (Tierfett) oder sogar Urin. Danach wurde die Wäsche ordentlich im Wasser ausgespült und zum Trocknen ausgelegt.

Zum Bleichen legte man weiße Wäsche in der Sonne auf die Wiese. Durch die Wärme, das Wasser und den Sauerstoff des Grases entstand auf ganz natürliche Weise ein chemischer Stoff (**Wasserstoffperoxid**), der Kleider aufhellt.

Kettenhemd – blitzblank!

Um die Sauberkeit der Rüstung kümmerte sich der Knappe des Ritters. Eine verbeulte, rostige Rüstung war nicht nur unsicher, sie machte auch keinen guten Eindruck. Trug man sein Kettenhemd regelmäßig, rostete es auch im Regen nicht. Die kleinen Metallringe schrubben Rost ganz von allein ab. Im Notfall steckte man es in ein Fass mit Sand und rollte es über den Burghof. So wurde es sauber und glänzend. Die Rüstung musste mit Leinöl, Fett oder Wachs poliert werden. Mit einem trockenen Tuch wurde nachpoliert und fertig!

Benutzten Ritter und Burgdamen Klopapier?

Nein. Papier kostete im Mittelalter sehr viel Geld. Um sich den Po abzuwischen mussten die Menschen damals auf Dinge zurückgreifen, die in der Natur vorkommen.

Die Toilette in einer Burg war kein WC (Wasserklosett) wie heute, sondern ein Plumpsklo. Man nannte es auch **Heymlich Gemach** (Geheimes Zimmer). Es bestand aus einem Holzsitz und einem nach unten, zum Burggraben hin offenen Loch. – Ganz schön kalt im Winter!

Statt Klopapier nahmen die Burgbewohner oft Blätter, Schafwolle oder getrocknetes Moos. Papier kannte man lange Zeit noch nicht und als es in Gebrauch kam, war es viel zu teuer und zu wertvoll, um sich damit den Hintern abzuwischen.

Das „Heymlich Gemach"

Im Mittelalter gab es um die Burg Posterstein einen sechs Meter breiten und sechs Meter tiefen Graben. Der schützte vor Angreifern, diente den Burgbewohnern allerdings auch als Müllhalde. Eine Müllabfuhr gab es nicht. In einem kleinen **Erker**, einem Vorbau, an der Burgmauer befand sich das Klo der Burgbewohner. Alles, was darin landete, fiel einfach durch ein Loch in den Burggraben hinunter. Burg Posterstein hatte drei solcher Plumpsklos.

Eine interessante Frage haben wir, Posti und Stein, schon öfter gehört: „Wie pinkelt eigentlich ein Ritter in Rüstung?"

Eine Ritterrüstung war sehr schwer und bestand aus vielen Einzelteilen. Alleine konnte ein Ritter sie nicht an- oder ausziehen. Musste er einmal pinkeln, konnte er die sogenannten **Beintaschen** öffnen und sein Geschäft verrichten. Kurz vor einem Kampf blieb dafür keine Zeit. Da hat er sich einfach in die Hose gemacht.

Trugen Ritter immer Rüstung?

Denkt man an die Kleidung eines Ritters, fällt einem zuerst das Kettenhemd ein. Als Teil der Rüstung schützte es vor Angriffen. Mit rund 15 Kilogramm war es recht schwer. Allerdings verteilte sich das Gewicht beim Tragen gut auf den gesamten Körper. Obwohl man es wie ein Hemd anzog, zählt es nicht als Kleidungsstück: Die ganze Rüstung des Ritters galt als Waffe! Als Schutzwaffe, um genau zu sein.

Die Ritter und Burgdamen vor 800 Jahren liebten es farbenfroh. Grün, Rot, Blau, alles war dabei. Die Stoffe waren zwar meist einfarbig, aber Ärmel und Kragen wurden mit schönen Schmuckbändern verziert. Die Kleider waren eng geschnitten und betonten die Figur. Über einem Unterkleid mit langen Ärmeln, das aus Leinen oder Seide bestand, trug der Herr meist einen knöchellangen Überrock und darüber einen Mantel mit Pelzbesatz. Die Dame besaß ähnliche Unterkleidung, zog darüber aber oft einen langen Rock mit Schleppe. Schicke Gürtel waren bei allen beliebt. Knöpfe gab es noch nicht, alles wurde mit Bändern verschnürt.

Im Mittelalter trugen verheiratete Frauen eine Kopfbedeckung. Sie bedeckten ihr Haar zum Beispiel mit dem **Schapel**, einem kronenartigen Kopfreifen. Der hielt ein Kopftuch oder ein Haarnetz, das sogenannte **Gebende**. Sehr bekannt ist der **Hennin** – der Hut, der wie eine Eistüte aussieht. Auch die Männer trugen den Schapel. Die praktischste Kopfbedeckung war die **Gugel**, eine lange Kapuze mit Kragen.

Ritter wie Burgdamen fanden lange, unpraktische, schnabelartige Schuhe modern. Der Ritter trug keine Hosen. Er bevorzugte eine Art Strumpfhose, die an den Sohlen mit Leder verstärkt werden konnte und dann auch als Schuh diente.

Lokal produziert und natürlich gefärbt

Die Kleidung des Mittelalters musste aus den Materialien hergestellt werden, die in der Natur der unmittelbaren Umgebung vorkamen. Kleidung bestand oft aus Leinenstoffen, Hanf, Wolle, Leder oder Fell. Schafwolle und pflanzliche Fasern wurden gereinigt, zu Fäden gesponnen und dann zu einem Stoff verwebt. Mit Naturfarben aus Pflanzen oder Erde färbte man die fertigen Produkte. Seltene Stoffe wie Seide mussten aus fernen Ländern importiert werden und waren sehr teuer.

Die Kemenate

Neben der Küche mit dem Herdfeuer gab es in den meisten Burgen nur einen beheizbaren Raum: Die **Kemenate**. Das war das Wohn- und Schlafzimmer der Burgherren. Am Tag saßen dort meist die Burgdamen und verrichteten ihre Arbeit am warmen Kaminfeuer. Abends versammelte man sich hier, denn der Rest der Burg war besonders im Winter kalt und ungemütlich.

Langweilten sich Ritter und Burgdamen im Winter?

Der Winter war für die Burgbewohner ungemütlich. Nur einige Räume konnten mit Kaminen beheizt werden, es gab wenig Licht und der Wind zog durch alle Ritzen. Im Winter kämpfte man normalerweise nicht und auf der Burg herrschte neben Kälte und Dunkelheit vor allem Langeweile.

Zum Zeitvertreib erzählte man sich Geschichten und spielte Spiele. Großer Beliebtheit erfreuten sich auch heute noch bekannte Spiele wie Schach, Mühle und Backgammon. Es gab auch Karten- oder Würfelspiele. Solches Glücksspiel sah die Kirche nicht gern – man spielte oft heimlich.

Im Winter nähten, webten und schneiderten die Frauen. Große Wandteppiche sollten nicht nur schön aussehen, sondern die Wärme in den Räumen halten.

Die Burgbewohner kannten keine elektrischen Lampen. Statt Glasfenstern besaßen sie oft nur Öffnungen in der Wand, die im Winter mit Fensterläden und schweren Vorhängen verschlossen wurden und dann wenig Tageslicht in die Räume ließen. Häufig nutzte man Fackeln, Öl- oder Talgleuchten, denn Kerzen waren teuer und wurden meist nur in den Kirchen angezündet. Auch so genannte **Glimmstäbe** kamen zum Einsatz. Das waren kleine glühende Holzstreifen, die wenig Licht und viel Qualm abgaben.

Spiel mit! Spielanleitung „Die drei Hunde"

für zwei oder mehrere Personen

Gespielt wird mit drei Würfeln. Der jüngste Spieler fängt an. Nacheinander würfelt jeder einmal mit allen drei Würfeln. Die Zahlen, die die Würfel zeigen, werden zusammengerechnet. Die höchste Summe gewinnt. – Würfelt ein Spieler aber drei Einsen, dann hat er „die drei Hunde" gespielt und gewinnt gegen alle anderen!

Aus dem Buch: G. Muhr, Eleonore Sieck: Allerley Spielerey. Spielen wie im Mittelalter, Euskirchen 2011, S. 77.

Teste dein Wissen!

Die Antworten auf unsere Fragen verstecken sich hier im Buch. Wenn du alles richtig gemacht hast, ergeben die Buchstaben hinter den Antworten am Ende ein geheimes Lösungswort!

Wie viele Jahre dauerte das Mittelalter?
☐ 500 Jahre (Po)
☐ 1000 Jahre (Ki)
☐ 1500 Jahre (Ka)

Wie wurde Kaiser Friedrich I., für den Gerhardus von Nubudiz die heutige Burg Posterstein erbaute, noch genannt?
☐ Weißhaar (le)
☐ Grünstrumpf (st)
☐ Rotbart (nd)

Wofür steht das Wort „Renaissance"?
☐ Zeitalter der schönen Kleider (er)
☐ Wiedergeburt der Antike (er)
☐ Erschaffen der Vernunft (ni)

Was benutzte die Burgdame als Klopapier?
☐ Schafwolle, Blätter und getrocknetes Moos (bu)
☐ Zeitungspapier und unwichtige Briefe (ig)
☐ Streifen aus Seidenstoff (ne)

Wie nannte man den Burgfrauenhut, der wie eine umgedrehte Eistüte aussieht?
☐ Schapel (ke)
☐ Hennin (rg)
☐ Gugel (ne)

— — — — — — — — — —